Snežana Stefanović

Serbian:
Simple Sentences 2

In Latin and Cyrillic script
with English translation

2. Edition

Level: A1

Imprint

Text Copyright © 2021 Snežana Stefanović
Photo & Cover Design © 2021 Danilo Wimmer

www.serbian-reader.com.

FOREWORD

The 2-nd edition of the book "Serbian: Simple Sentences 2" language level A1 offers ready-made sentences for learning the Serbian language. The sentences are designed for language level A1 and grouped into common topics for everyday language use. All sentences are in the present, future or perfect tense and the texts are written in both Latin and Cyrillic script. For each sentence there is also a translation into English.

More information on the Internet at: www.serbian-reader.com

CONTENT – SADRŽAJ

Simple sentences in Latin script

Simple Sentences in Cyrillic script

1. We are going to the concert – Идемо на концерт
2. We are going to the Zaovine Lake – Идемо на Заовинско језеро
3. Weather forecast – Временска прогноза
4. New Year – Нова Година
5. Winter holidays – Зимски одмор
6. A lost property – Изгубљена ствар
7. Yesterday – Јуче
8. My family – Моја породица
9. My relatives – Моја родбина
10. I am inviting you to my birthday – Позивам на рођендан
11. Summer plans – Планови за лето
12. In the exchange office – У мењачници
13. At the post office – На пошти
14. Lost documents – Изгубљени документи

Serbian simple sentences in Latin script

1. We are going to the concert – Idemo na koncert

Imam karte za koncert.	I have tickets for the concert.
Odlično!	Excellent! Great!
Kada je koncert?	When will the concert take place?
Koncert je u subotu.	The convert will take place on Saturday.
U koliko časova je koncert?	At what time does the concert start?
Koncert počinje u devet časova.	The concert starts at 9 pm.
To je koncert klasične muzike.	This is a classical music concert.
To je džez koncert.	This is a jazz concert.
To je koncert narodne muzike.	This is a concert of folk music.
To je koncert elektronske muzike.	This is a concert of electronic music.
Gde je koncert?	Where is the concert?

Gde je to tačno?	Where is it exactly?
Ja nemam kartu za koncert.	I don´t have a concert ticket.
Koliko košta karta?	How much does the ticket cost?
Kada je blagajna otvorena?	When is the box office open?
Možemo da nazovemo i pitamo.	We can call and ask.
Ja ću da nazovem i pitam.	I will call and ask.
Ko još ide na koncert?	Who else is coming to the concert?
Gde ćemo da se nađemo?	Where do we meet?
Kako ću da dođem do tamo?	How do I get there?
Tramvajem broj šest.	By streetcar number 6.
Tramvajem broj jedanaest pa autobusom dve stanice.	By streetcar number 11, then by bus 2 stops.
Peške.	On foot.
Možemo da se nađemo pred koncertnom dvoranom.	We can meet in front of the concert hall.
To je dobra ideja.	That is a good idea.
Hoćemo posle da idemo na piće?	Shall we go for a drink afterwards?

2. We are going to the Zaovine Lake – Idemo na Zaovinsko jezero

Za vikend idemo na izlet.	On the weekend we will go on a trip.
Kuda idete na izlet?	Where are you going for the trip?
Idemo na Zaovinsko jezero.	We are going to the Zaovine Lake.
Hoćeš i ti da ideš s nama?	Do you want to go with us too?
Rado.	Sure.
Je li Zaovinsko jezero daleko?	Is Zaovine Lake far away?
Kako ćemo do tamo?	How do we get there?
Idemo autom.	We´ll go by car.
Možemo da idemo autobusom.	We can go by bus.
Ima li voz do Zaovinskog jezera?	Is there a train line to the Zaovine Lake?
Trebamo da pogledamo na internetu.	Wo should look on the Internet.
Koga ćemo još da pozovemo?	Who else do we invite?
Možemo da pozovemo Lelu.	We can invite Lela.

Možemo da pozovemo moju mamu.	We can invite my mother.
Bolje da idemo na Vlasinsko jezero za godišnji odmor.	Visiting the Vlasina Lake on holiday is better.
Vlasinsko jezero je veliko.	The Vlasina Lake is big.
Koliko trebamo vremena za obilazak?	How long do we need for the tour?
Ceo dan.	The whole day.
Možemo da idemo na Zaovinsko jezero za Uskrs.	We can go to the Zaovine Lake at Easter.
Zašto tada?	Why then?
Imamo više vremena.	We have more time.
Šta ćemo da ponesemo na izlet?	What do we bring on the trip?
Hoćemo tamo da prenoćimo?	Are we going to spend the night there?
Hoćemo da rezervišemo hotel?	Do we want to book a hotel?
Hoćemo da uzmemo privatni smeštaj?	Do we want to go to a private accommodation?
Hoćemo da ostanemo duže?	Are we going to stay longer?
Hoćemo da ostanemo nekoliko dana?	Are we going to stay a few days?

Hoćemo da uzmemo apartman?	Shall we book an apartment?
Kakvo će biti vreme?	What will the weather be like?
Kakvu odeću trebamo da ponesemo?	What kind of clothes should I bring?
Hoćemo da kupimo turistički vodič?	Shall we buy a travel guide?

3. Weather forecast – Vremenska prognoza

Kakvo je vreme danas?	How is the weather today?
Danas je sunčano.	It´s sunny today.
Danas je oblačno s kišom.	Today, it´s cloudy with rain.
Danas je magla.	We have fog today.
Da li trebamo danas kišobrane?	Do we need umbrellas today?
Danas treba da pada kiša.	Today it is supposed to rain.
Da li trebamo danas jakne?	Do we need jackets today?
Ne, danas imamo sunce.	No, we have the sun today.

Pada kiša.	It´s raining.
Pada sneg.	It´s snowing.
Hladno je.	It´s cold.
Toplo je.	It´s warm.
Vrućina je.	It´s hot.
Sparno je.	It´s humid.
Sveže je.	It´s fresh.
Danas je nebo plavo.	Today the sky is blue.
Danas je nebo oblačno.	Today the sky is cloudy.

4. New Year – Nova Godina

Kako ćeš da slaviš Božić?	How will you celebrate Christmas?
Ja ću da idem u posetu roditeljima.	I will visit the parents.
Ja ne slavim Božić.	I don´t celebrate Christmas.

Kako ćeš da putuješ?	How will you travel?
Ja ću da putujem avionom.	I will travel by plane.
Mi ćemo da idemo kolima.	We´ll go by car.
Da li kuvaš nešto posebno za Božić?	Are you cooking anything special for Christmas?
Da li pečeš kekse za Božić?	Are you baking cookies for Christmas?
Da li voliš sneg za Božić?	Do you like snow for Christmas?
Hoće li opet da pada sneg za Božić?	Will it snow again at Christmas?
Ne znam, ali nadam se da hoće.	I don´t know, but I hope so.
S kime ćeš da slaviš Božić?	Who are you going to celebrate Christmas with?
Slaviću Božić s roditeljima.	I´m going to celebrate Christmas with my parents.
Slaviću Božić s komšijama.	I´m going to celebrate Christmas with my parents.
Slaviću Božić na poslu.	I´m going to celebrate Christmas at work.
Da li imate Božićno slavlje?	Do you have a Christmas party?
Da li ćete da idete u crkvu za Božić?	Will you go to church for Christmas?

Kako ćete da slavite Novu godinu?	How will you celebrate New Year?
Još ne znam.	I don´t know yet.
Ja ću da slavim Novu godinu s drugovima.	I will celebrate New Year with friends.
Ja moram da radim za Novu godinu.	I have to work for the New Year.
Ja ću da idem na novogodišnji koncert.	I will go to the New Year´s concert.
Ja ću da idem za Novu godinu u Pariz.	I will fly to Paris for the New Year.
Mi ćemo da idemo na ples.	We will go dancing.
Mi ćemo da idemo za Novu godinu u restoran.	We will go to a restaurant for New Year.
S kime?	With whom?
S porodicom.	With the family.
Mi ćemo da idemo za Novu godinu na more.	We´ll go to the seaside for New year.
Čime?	By what? (How?)
Autobusom.	By bus.

5. Winter holidays – Zimski odmor

Gde si provela zimski odmor, Stela?	Where did you spend the winter holidays, Stela?
Bila sam u Budvi.	I was in Budva.
Kako je bilo?	How was it?
Ugodno i interesantno.	Pleasant and interesting.
Vreme je bilo hladno, ali sunčano.	The weather was cold, but sunny.
Ja sam mnogo šetala.	I went for walks a lot.
Upoznala sam Budvu.	I got to know Pula.
Gde si ti bio za zimski odmor, Kosta?	Where did you spend the winter holidays, Kosta?
Ja sam bio na skijanju.	I went skiing.
S kime si bio na skijanju?	Who did you ski with?
Koga si upoznao?	Who did you meet?
Ja nisam nikoga upoznao. A ti, Lela?	I didn´t meet anyone. And you, Lela?
Ja sam upoznala Marinu.	I got to know Marina.

Kako dugo si bila u Budvi, Lela?	How long were you in Budva, Lela?
Bila sam sedam dana.	I was there 7 days.
Ja sam bila takođe na moru.	I was also at the sea.
Jesi plivala na moru, Dijana?	Did you swim in the sea, Dijana?
Ne, bilo je hladno.	No, it was cold.
Mi smo saznali puno stvari o Budvi.	We learned many things about Budva.
Gde si odseo, Kosta?	Where did you stay, Kosta?
Ja sam odseo u hotelu.	I was in a hotel.
Kakva je bila hrana u hotelu?	How was the food in the hotel?
Hrana je bila odlična.	The food was excellent.
Mi smo proveli mnogo vremena na plaži.	We spent a lot of time on the beach.
Mi smo bili na izletima.	We went on trips.
Mi smo jeli ribu i pili domaće vino.	We ate fish and drank homemade wine.

6. A lost property – Izgubljena stvar

Izgubio sam putnu torbu.	I have lost my travel bag.
Gde i kada?	Where and when?
Danas u vozu.	Today on the train.
Juče u autobusu.	Yesterday on the bus.
Voz je upravo stigao na peron tri, pre petnaest minuta.	The train has just arrived at platform 3, 15 minutes ago.
Kako izgleda tvoja torba i šta je u torbi?	What does your bag look like and what is in the bag?
Moja torba je velika, kožna i skupa.	My bag is big, leather and expensive.
U torbi su bile moje osobne stvari i dokumenti.	In the bag were my personal things and documents.
Koja vrednost je bila u torbi?	What value was in the bag?
Oko tristo evra.	About 300 euros.

Da li trebam da ispunim formular?	Should I fill out a form?
Gde trebam da potpišem?	Where should I sign?
Ovde je broj mojeg telefona.	Here is my phone number.
Možete da me nazovete.	You can call me.

7. Yesterday – Juče

Juče sam doručkovala oko šest jer sam morala ranije na posao.	Yesterday I had breakfast around 6 o´clock, because I had to leave early for work.
Na poslu sam imala puno za raditi.	At work I had a lot to do.
Šta si radila na poslu, Anita?	What did you do at work, Anita?
Kada si išla na ručak?	When did you go to lunch?

Nisam išla na ručak.	I didn´t have lunch.
Jesi išla na ručak u kantinu ili si išla napolje?	Did you go to lunch in the canteen or out to lunch?
Bila sam samo kratko na ručku.	I only had a short time for lunch.
Šta si radila posle posla?	What did you do after work?
Išla sam u kupovinu.	I went shopping.
Kako dugo si bila u kupovini?	How long did you shop?
Je li neko bio na večeri?	Was someone at dinner?
Moj komšija je došao na večeru.	My neighbor came for dinner / evening meal.
Kada si išla da spavaš?	When did you go to bed?
Leo, jesi juče bio na univerzitetu?	Leo, were you at the university yesterday?
Išao sam na predavanje.	I went to lecture.

Juče nisam imao predavanja na univerzitetu.	Yesterday I had no lectures at the university.
Juče sam učio ceo dan.	I studied the whole day yesterday.
Uveče sam išao napolje.	I went out in the evening.
Ostao sam napolju do kasno.	I was out till late.

8. My family – Moja porodica

Moja mama se zove Valerija, a moj tata se zove Vuk.	My mother´s name is Valerija and my father´s name is Vuk.
Gde živite?	Where do you live?
Mi živimo u Beogradu.	We live in Belgrade.
Gde je rođena tvoja mama?	Where was your mother born?
Gde je rođen tvoj tata?	Where was your father born?

Imaš li brata?	Do you have a brother?
Imaš li sestru?	Do you have a sister?
Koliko godina ima tvoj brat?	How old is your brother?
Koliko godina ima tvoja sestra?	How old is your sister?
Gde su rođeni tvoji roditelji?	Where were your parents born?
Imate li sina ili ćerku?	Do you have a son or daughter?
Je li vaš sin oženjen?	Is your son married?
Ja li vaša ćerka udana?	Is your daughter married?
Moja mama je udovica.	My mother is a widow.
Moj otac je udovac.	My father is a widower.
Moja sestra je još devojčica.	My sister is still a girl.

Moj brat je još dečak.	My brother is still a boy.
Moja braća idu u gimanziju.	My brothers go to high school / secondary school.
Moje sestre idu u školu.	My sisters go to school.
Gde ste pre živeli?	Where did you live before?
Imaš li decu?	Do you have children?
Nemam decu.	I have no children.

9. My relatives – Moja rodbina

Ja imam dve tetke.	I have 2 aunts.
Moj stric i moja strina žive u Nišu.	My uncle and aunt (on my father´s side) live in Niš.
Moji stričevi su u penziji.	My uncles (on my father´s side) are in retirement.

Moja strina je udovica.	My aunt is a widow.
Ja imam dve sestre od strica i dva brata od tetke.	I have 2 cousins (female) und 2 cousins (male).
Ja nemam ujaka.	I have no uncle (on my mother´s side).
Ja imam dva ujaka.	I have 2 uncles (on my mother´s side).
Moja ujna se zove Slavica.	My aunt´s name is Slavica.
Ja imam jednog dedu.	I have a grandfather.
Moja baba mnogo voli unuke.	My grandma loves her grandchildren very much
Moja baba je imala dvoje dece.	My grandma had 2 children.
Moja baba je imala troje dece.	My grandma had 3 children.
Njena nećakinja nije udana.	Her niece is not married.
Njen nećak nije oženjen.	Her nephew is not married.

10. I am inviting you to my birthday – Pozivam na rođendan

Ja slavim rođendan u subotu.	I am celebrating my birthday on Saturday.
Koga ćeš da pozoveš?	Who are you going to invite?
Ja ću da pozovem celu porodicu i moje drugove.	I am going to invite the whole family and my friends.
Da li ćeš da imaš rođendansku tortu?	Will you have a birthday cake?
Da, ja uvek imam tortu za rođendan.	Yes, I always have a cake for my birthday.
Koji rođendan slaviš?	Which birthday do you celebrate?
Ja slavim dvadeset treći rođendan.	I celebrate my 23rd birthday.
Ko će još da dođe?	Wo else is coming?
Doći će moji komšije.	My neighbors are coming.

Ja nisam nikad slavio rođendan u Beogradu.	I have never celebrated birthday in Belgrade.
Ja sam uvek slavio rođendan kod kuće.	I have never celebrated my birthday at home.
Biće veselo.	It´ll be fun.
Moja sestra ne voli da slavi rođendan.	My sister doesn´t like to celebrate birthdays
Ona ne ide nikuda za rođendan.	She never goes anywhere for her birthday.
Da li trebaš pomoć?	Do you need help?
Kakav poklon želiš?	What kind of present would you like?
Nemam ideju, ti izaberi poklon.	I have no idea, you can choose the gift.
Čekam vas u subotu!	I´ll wait for you on Saturday!
Možeš da potvrdiš tvoj dolazak?	Can you confirm your coming?
Ne znam tačno gde stanuješ.	I don´t know exactly where you live.

Poslaću ti mejl.	I´ll send you an email.

11. Summer plans – Planovi za leto

Kuda ideš na letovanje?	Where are you going on summer holiday?
Idem u Srbiju na letovanje.	I am going to Serbia on holiday.
Gde si bio prošle godine na letovanju?	Where were you on vacation last year?
Bio sam u Grčkoj.	I was in Greece.
S kime si bio?	Who were you with?
Bio sam s porodicom.	I was with the family.
Ja sam bio u Francuskoj.	I was in France.
Šta ste tamo radili?	What did you do there?
Mi smo odseli u hotelu.	We stayed in a hotel.
Ja nisam imala godišnji odmor.	I have not had any holiday.
Ja sam imala kratko letovanje.	I had a short summer holiday.

Bila sam tamo nedelju dana.	I was there for a week.
Klima je veoma blaga.	The climate is very mild.
Hoćemo da uzmemo apartman?	Do we want to book an apartment?
Ne, ići ćemo u privatni smeštaj.	No, we´ll book a private accommodation.
Ko će da nabavlja namirnice?	Who will provide the food?
Kakvu ponudu ima Budva?	What does Budva have to offer?
Koliko košta apartman?	How much does an apartment cost?
Košta pedeset evra dnevno.	It costs 50 euro per day.
Je li plaža daleko?	Is the beach far away?
Apartman je u centru.	The apartment is located in the city center.
Apartman je u predgrađu.	The apartment is located in the suburb.
Kakav je noćni život?	What is the nightlife like?
Ne piše ništa.	There is nothing about it.
Trebamo da pogledamo na internetu.	We should look on the Internet.
Možemo posle da odlučimo.	We can decide later.

12. In the exchange office – U menjačnici

Želim da promenim evre u dinare.	I would like to change euro to dinar.
Današnji kurs je dvanaest hiljada dinara za sto evra.	The exchange rate today is 12,000 dinars for 100 euros.
Da li je kurs stabilan?	Is the exchange rate stable?
Kolika je provizija?	How much is the commission?
Da li mogu da promenim dolare u evre?	Can I change dollars into euros?
Do kada radite?	Until when are you open?
Da li radite nedeljom?	Are you also open on Sundays?
Mogu da dobijem samo novčanice?	Can I only get banknotes?
Mogu da dobijem deo para u kovanicama?	Can I get a part of the money in coins?

13. At the post office – Na pošti

Trebam marke za razglednice.	I need stamps for postcards.
Koliko košta marka za pismo?	How much does a stamp cost?
Šaljem paket u inostranstvo.	I want to send the package abroad.
Želim da pošaljem ovo pismo preporučeno.	I want to send the letter by registered mail.
Ne, želim da pošaljem pismo običnom poštom.	No, I would like to send the letter as regular mail.
Kolika je poštarina za ovaj paket?	How much is the postage for this parcel?
Mogu li da platim kreditnom karticom?	Can I pay by credit card?
Ne, nemam gotovinu.	No, I have no cash.
Ja ću rađe da platim gotovinom.	I would rather pay with cash.
Moment.	Just a moment.
Gde treba da se potpišem?	Where should I sign?

14. Lost documents – Izgubljeni dokumenti

Izgubila sam novčanik s dokumentima.	I have lost my wallet and documents.
Koje dokumente si tačno izgubila?	Exactly which documents did you lose?
Pasoš i kreditnu karticu.	My passport and credit card.
Možda sam izgubila dokumente u banci.	Maybe I lost the documents in the bank.
Trebaš da prijaviš nestanak dokumenata.	You should report the loss of documents.
Trebaš da ideš na policiju.	You should go to the police.
Trebaš da ideš u banku.	You should go to the bank.
Možda sam novčanik izgubila u apoteci.	Maybe I lost the wallet at the pharmacy.
Imala sam novčanik u ruci.	I was holding the wallet in my hand.

Platila sam kreditnom karticom.	I paid with my credit card.
Išla sam na tramvaj.	I went to the streetcar.
Posle nisam više imala novčanik.	Later, I didn´t have the wallet anymore.
Pasoš je bio u tašni.	The passport was in the bag.
Ne znam gde sam izgubila dokumente.	I don´t know where I lost the documents.
Možda su moji dokumenti kod kuće.	Maybe my documents are at home.

Serbian simple sentences in Cyrillic script

1. We are going to the concert – Идемо на концерт

Имам карте за концерт.	I have tickets for the concert.
Одлично!	Excellent! Great!
Када је концерт?	When will the concert take place?
Концерт је у суботу.	The convert will take place on Saturday.
У колико часова је концерт?	At what time does the concert start?
Концерт почиње у девет часова.	The concert starts at 9 pm.
То је концерт класичне музике.	This is a classical music concert.
То је џез концерт.	This is a jazz concert.
То је концерт народне музике.	This is a concert of folk music.
То је концерт електронске музике.	This is a concert of electronic music.
Где је концерт?	Where is the concert?

Где је то тачно?	Where is it exactly?
Ја немам карту за концерт.	I don´t have a concert ticket.
Колико кошта карта?	How much does the ticket cost?
Када је благајна отворена?	When is the box office open?
Можемо да назовемо и питамо.	We can call and ask.
Ја ћу да назовем и да питам.	I will call and ask.
Ко још иде на концерт?	Who else is coming to the concert?
Где ћемо да се нађемо?	Where do we meet?
Како ћу да дођем до тамо?	How do I get there?
Трамвајем број шест.	By streetcar number 6.
Трамвајем број једанаест па аутобусом две станице.	By streetcar number 11, then by bus 2 stops.
Пешке.	On foot.
Можемо да се нађемо пред концертном двораном.	We can meet in front of the concert hall.
То је добра идеја.	That is a good idea.
Хоћемо после да идемо на пиће?	Shall we go for a drink afterwards?

2. We are going to the Zaovine Lake – Идемо на Заовинско језеро

За викенд идемо на излет.	On the weekend we will go on a trip.
Куда идете на излет?	Where are you going for the trip?
Идемо на Заовинско језеро.	We are going to the Zaovine Lake.
Хоћеш и ти да идеш с нама?	Do you want to go with us too?
Радо.	Sure.
Је ли Заовинско језеро далеко?	Is Zaovine Lake far away?
Како ћемо до тамо?	How do we get there?
Идемо аутом.	We´ll go by car.
Можемо да идемо аутобусом.	We can go by bus.

Има ли воз до Заовинског језера?	Is there a train line to the Zaovine Lake?
Требамо да погледамо на интернету.	Wo should look on the Internet.
Кога ћемо још да позовемо?	Who else do we invite?
Можемо да позовемо Лелу.	We can invite Lela.
Можемо да позовемо моју маму.	We can invite my mother.
Боље да идемо на Власинско језеро за годишњи одмор.	Visiting the Vlasina Lake on holiday is better.
Власинско језеро је велико.	The Vlasina Lake is big.
Колико требамо времена за обилазак?	How long do we need for the tour?
Цео дан.	The whole day.
Можемо да идемо на Заовинско језеро за Ускрс.	We can go to the Zaovine Lake at Easter.
Зашто тада?	Why then?

Имамо више времена.	We have more time.
Шта ћемо да понесемо на излет?	What do we bring on the trip?
Хоћемо тамо да преноћимо?	Are we going to spend the night there?
Хоћемо да резервишемо хотел?	Do we want to book a hotel?
Хоћемо да узмемо приватни смештај?	Do we want to go to a private accommodation?
Хоћемо да останемо дуже?	Are we going to stay longer?
Хоћемо да останемо неколико дана?	Are we going to stay a few days?
Хоћемо да узмемо апартман?	Shall we book an apartment?
Какво ће бити време?	What will the weather be like?
Какву одећу требамо да понесемо?	What kind of clothes should I bring?
Хоћемо да купимо туристички водич?	Shall we buy a travel guide?

3. Weather forecast – Временска прогноза

Какво је време данас?	How is the weather today?
Данас је сунчано.	It´s sunny today.
Данас је облачно с кишом.	Today, it´s cloudy with rain.
Данас је магла.	We have fog today.
Да ли требамо данас кишобране?	Do we need umbrellas today?
Данас треба да пада киша.	Today it is supposed to rain.
Да ли требамо данас јакне?	Do we need jackets today?
Не, данас имамо сунце.	No, we have the sun today.
Пада киша.	It´s raining.
Пада снег.	It´s snowing.
Хладно је.	It´s cold.
Топло је.	It´s warm.
Врело је.	It´s hot.

Спарно је.	It´s humid.
Свеже је.	It´s fresh.
Данас је небо плаво.	Today the sky is blue.
Данас је небо облачно.	Today the sky is cloudy.

4. New Year – Нова Година

Како ћеш да славиш Божић?	How will you celebrate Christmas?
Ја ћу да идем у посету родитељима.	I will visit the parents.
Ја не славим Божић.	I don´t celebrate Christmas.
Како ћеш да путујеш?	How will you travel?
Ја ћу да путујем авионом.	I will travel by plane.
Ми ћемо да идемо колима.	We´ll go by car.
Да ли куваш нешто посебно за Божић?	Are you cooking anything special for Christmas?
Да ли печеш кексе за Божић?	Are you baking cookies for Christmas?

Да ли волиш снег за Божић?	Do you like snow for Christmas?
Хоће ли опет да пада снег за Божић?	Will it snow again at Christmas?
Не знам, али надам се да хоће.	I don´t know, but I hope so.
С киме ћеш да славиш Божић?	Who are you going to celebrate Christmas with?
Славићу Божић с родитељима.	I´m going to celebrate Christmas with my parents.
Славићу Божић с комшијама.	I´m going to celebrate Christmas with my parents.
Славићу Божић на послу.	I´m going to celebrate Christmas at work.
Да ли имате Божићо славље?	Do you have a Christmas party?
Да ли ћете да идете у цркву за Божић?	Will you go to church for Christmas?
Како ћете да славите Нову годину?	How will you celebrate New Year?
Још не знам.	I don´t know yet.
Ја ћу да славим Нову годину с друговима.	I will celebrate New Year with friends.
Ја морам да радим за Нову Годину.	I have to work for the New Year.
Ја ћу да идем на новогодишњи концерт.	I will go to the New Year´s concert.

Ја ћу да идем за Нову годину у Париз.	I will fly to Paris for the New Year.
Ми ћемо да идемо на плес.	We will go dancing.
Ми ћемо да идемо за Нову годину у ресторан.	We will go to a restaurant for New Year.
С киме?	With whom?
С породицом.	With the family.
Ми ћемо да идемо за Нову годину на море.	We´ll go to the seaside for New year.
Чиме?	By what? (How?)
Аутобусом.	By bus.

5. Winter holidays – Зимски одмор

Где си провела зимски одмор, Стела?	Where did you spend the winter holidays, Stela?
Била сам у Будви.	I was in Budva.
Како је било.	How was it?
Угодно и интересантно.	Pleasant and interesting.

Време је било хладно, али сунчано.	The weather was cold, but sunny.
Ја сам много шетала.	I went for walks a lot.
Упознала сам Будву.	I got to know Pula.
Где си ти био за зимски одмор, Коста?	Where did you spend the winter holidays, Kosta?
Ја сам био на скијању.	I went skiing.
С киме си био на скијању?	Who did you ski with?
Кога си упознао?	Who did you meet?
Ја нисам никога упознао. А ти, Лела?	I didn´t meet anyone. And you, Lela?
Ја сам упознала Марину.	I got to know Marina.
Како дуго си била у Будви, Лела?	How long were you in Budva, Lela?
Била сам седам дана.	I was there 7 days.
Ја сам била такође на мору.	I was also at the sea.
Јеси пливала на мору, Дијана?	Did you swim in the sea, Dijana?
Не, било је хладно.	No, it was cold.
Ми смо сазнали пуно ствари о Будви.	We learned many things about Budva.

Где си одсео, Коста?	Where did you stay, Kosta?
Ја сам одсео у хотелу.	I was in a hotel.
Каква је била храна у хотелу?	How was the food in the hotel?
Храна је била одлична.	The food was excellent.
Ми смо провели много времена на плажи.	We spent a lot of time on the beach.
Ми смо били на излетима.	We went on trips.
Ми смо јели рибу и пили домаће вино.	We ate fish and drank homemade wine.

6. A lost property – Изгубљена ствар

Изгубио сам путну торбу.	I have lost my travel bag.
Где и када?	Where and when?
Данас у возу.	Today on the train.

Јуче у аутобусу.	Yesterday on the bus.
Воз је управо стигао на перон три, пре петнаест минута.	The train has just arrived at platform 3, 15 minutes ago.
Како изгледа твоја торба и шта је у торби?	What does your bag look like and what is in the bag?
Моја торба је велика, кужна и скупа.	My bag is big, leather and expensive.
У торби су биле моје особне ствари и документи.	In the bag were my personal things and documents.
Која вредност је била у торби?	What value was in the bag?
Око триста евра.	About 300 euros.
Да ли требам да испуним формулар?	Should I fill out a form?
Где треба да потпишем?	Where should I sign?
Овде је број мојег телефона.	Here is my phone number.
Можете да ме назовете.	You can call me.

7. Yesterday – Juče

Juče сам доручковала око шест јер сам морала раније на посао.	Yesterday I had breakfast around 6 o´clock, because I had to leave early for work.
На послу сам имала пуно за радити.	At work I had a lot to do.
Шта си радила на послу, Анита?	What did you do at work, Anita?
Када си ишла на ручак?	When did you go to lunch?
Нисам ишла на ручак.	I didn´t have lunch.
Jеси ишла на ручак у кантину или си ишла напоље?	Did you go to lunch in the canteen or out to lunch?
Била сам само кратко на ручку.	I only had a short time for lunch.
Шта си радила после посла?	What did you do after work?
Ишла сам у куповину.	I went shopping.

Како дуго си била у куповини?	How long did you shop?
Је ли неко био на вечери?	Was someone at dinner?
Мој комшија је дошао на вечеру.	My neighbor came for dinner / evening meal.
Када си ишла да спаваш?	When did you go to bed?
Лео, јеси јуче био на универзитету?	Leo, were you at the university yesterday?
Ишао сам на предавање.	I went to lecture.
Јуче нисам имао предавања на универзитету.	Yesterday I had no lectures at the university.
Јуче сам учио цео дан.	I studied the whole day yesterday.
Увече сам ишао напоље.	I went out in the evening.
Остао сам напољу до касно.	I was out till late.

8. My family – Моја породица

Моја мама се зове Валерија, а мој тата се зове Вук.	My mother´s name is Valerija and my father´s name is Vuk.
Где живите?	Where do you live?
Ми живимо у Београду.	We live in Belgrade.
Где је рођена твоја мама?	Where was your mother born?
Где је рођен твој тата?	Where was your father born?
Имаш ли брата?	Do you have a brother?
Имаш ли сестру?	Do you have a sister?
Колико година има твој брат?	How old is your brother?
Колико година има твоја сестра?	How old is your sister?
Где су рођени твоји родитељи?	Where were your parents born?

Имате ли сина или ћерку?	Do you have a son or daughter?
Је ли ваш син ожењен?	Is your son married?
Је ли ваша ћерка удана?	Is your daughter married?
Моја мама је удовица.	My mother is a widow.
Мој отац је удовац.	My father is a widower.
Моја сестра је још девојчица.	My sister is still a girl.
Мој брат је још дечак.	My brother is still a boy.
Моја браћа иду у гимназију.	My brothers go to high school / secondary school.
Моје сестре иду у школу.	My sisters go to school.
Где сте пре живели?	Where did you live before?
Имаш ли децу?	Do you have children?

Немам децу.	I have no children.

9. My relatives – Моја родбина

Ja имам две тетке.	I have 2 aunts.
Мој стриц и моја стрина живе у Нишу.	My uncle and aunt (on my father´s side) live in Niš.
Моји стричеви су у пензији.	My uncles (on my father´s side) are in retirement.
Моја стрина је удовица.	My aunt is a widow.
Ja имам две сестре од стрица и два брата од тетке.	I have 2 cousins (female) und 2 cousins (male).
Ja немам ујака.	I have no uncle (on my mother´s side).
Ja имам два ујака.	I have 2 uncles (on my mother´s side).
Моја ујна се зове Славица.	My aunt´s name is Slavica.

Ја имам једног деду.	I have a grandfather.
Моја баба много воли унуке.	My grandma loves her grandchildren very much
Моја баба је имала двоје деце.	My grandma had 2 children.
Моја баба је имала троје деце.	My grandma had 3 children.
Њена нећакиња није удана.	Her niece is not married.
Њен нећак није ожењен.	Her nephew is not married.

10. I am inviting you to my birthday – Позивам на рођендан

Ја славим рођендан у суботу.	I am celebrating my birthday on Saturday.
Кога ћеш да позовеш?	Who are you going to invite?
Ја ћу да позовем целу породицу и моје другове.	I am going to invite the whole family and my friends.
Да ли ћеш да имаш рођенданску торту?	Will you have a birthday cake?
Да, ја увек имам торту за рођендан.	Yes, I always have a cake for my birthday.
Који рођендан славиш?	Which birthday do you celebrate?
Ја славим двадесет трећи рођендан.	I celebrate my 23rd birthday.
Ко ће још да дође?	Wo else is coming?
Доћи ће моји комшије.	My neighbors are coming.

Ја нисам никад славио рођендан у Београду.	I have never celebrated birthday in Belgrade.
Ја сам увек славио рођендан код куће.	I have never celebrated my birthday at home.
Биће весело.	It´ll be fun.
Моја сестра не воли да слави рођендан.	My sister doesn´t like to celebrate birthdays
Она не иде никуда за рођендан.	She never goes anywhere for her birthday.
Да ли требаш помоћ?	Do you need help?
Какав поклон желиш?	What kind of present would you like?
Немам идеју, ти изабери поклон.	I have no idea, you can choose the gift.
Чекам вас у суботу!	I´ll wait for you on Saturday!
Можеш да потврдиш твој долазак?	Can you confirm your coming?
Не знам тачно где станујеш.	I don´t know exactly where you live.

Послаћу ти мејл.	I´ll send you an email.

11. Summer plans – Планови за лето

Куда идеш на летовање?	Where are you going on summer holiday?
Идем у Србију на летовање.	I am going to Serbia on holiday.
Где си био прошле године на летовању?	Where were you on vacation last year?
Био сам у Грчкој.	I was in Greece.
С киме си био?	Who were you with?
Био сам с породицом.	I was with the family.
Ја сам био у Француској.	I was in France.
Шта сте тамо радили?	What did you do there?
Ми смо одсели у хотелу.	We stayed in a hotel.
Ја нисам имала годишњи одмор.	I have not had any holiday.
Ја сам имала кратко летовање.	I had a short summer holiday.

Била сам тамо недељу дана.	I was there for a week.
Клима је веома блага.	The climate is very mild.
Хоћемо да узмемо апартман?	Do we want to book an apartment?
Не, ићи ћемо у приватни смештај.	No, we´ll book a private accommodation.
Ко ће да набавља намирнице?	Who will provide the food?
Какву понуду има Будва?	What does Budva have to offer?
Колико кошта апартман?	How much does an apartment cost?
Кошта педесет евра дневно.	It costs 50 euro per day.
Је ли плажа далеко?	Is the beach far away?
Апартман је у центру.	The apartment is located in the city center.
Апартман је у предграђу.	The apartment is located in the suburb.
Какав је ноћни живот?	What is the nightlife like?
Не пише ништа.	There is nothing about it.
Требамо да погледамо на интернету.	We should look on the Internet.

Можемо после да одлучимо.	We can decide later.

12. In the exchange office – У мењачници

Желим да променим евре у динаре.	I would like to change euro to dinar.
Данашњи курс је дванаест хиљада динара за сто евра.	The exchange rate today is 12,000 dinars for 100 euros.
Да ли је курс стабилан?	Is the exchange rate stable?
Колика је провизија?	How much is the commission?
Да ли могу да променим доларе у евре?	Can I change dollars into euros?
До када радите?	Until when are you open?
Да ли радите недељом?	Are you also open on Sundays?
Могу да добијем само новчанице?	Can I only get banknotes?
Могу да добијем део пара у кованицама?	Can I get a part of the money in coins?

13. At the post office – На пошти

Требам марке за разгледнице.	I need stamps for postcards.
Колико кошта марка за писмо?	How much does a stamp cost?
Шаљем пакет у иностранство.	I want to send the package abroad.
Желим да пошаљем ово писмо препоручено.	I want to send the letter by registered mail.
Не, желим да пошаљем писмо обичном поштом.	No, I would like to send the letter as regular mail.
Колика је поштарина за овај пакет?	How much is the postage for this parcel?
Могу ли да платим кредитном картицом?	Can I pay by credit card?
Не, немам готовину.	No, I have no cash.
Ја ћу рађе да платим готовином.	I would rather pay with cash.
Момент.	Just a moment.

Где треба да се потпишем.	Where should I sign?

14. Lost documents – Изгубљени документи

Изгубила сам новчаник с документима.	I have lost my wallet and documents.
Које документе си тачно изгубила?	Exactly which documents did you lose?
Пасош и кредитну картицу.	My passport and credit card.
Можда сам изгубила документе у банци.	Maybe I lost the documents in the bank.
Требаш да пријавиш нестанак докумената.	You should report the loss of documents.
Требаш да идеш на полицију.	You should go to the police.
Требаш да идеш у банку.	You should go to the bank.

Можда сам новчаник изгубила у апотеци.	Maybe I lost the wallet at the pharmacy.
Имала сам новчаник у руци.	I was holding the wallet in my hand.
Платила сам кредитном картицом.	I paid with my credit card.
Ишла сам на трамвај.	I went to the streetcar.
После нисам више имала новчаник.	Later, I didn´t have the wallet anymore.
Пасош је био у ташни.	The passport was in the bag.
Не знам где сам изгубила документе.	I don´t know where I lost the documents.
Можда су моји документи код куће.	Maybe my documents are at home.

My own simple sentences

	64

	6

Serbian Reader

Available from December 2023

Level A1 Beginners = Novice Low/Mid

Snežana Stefanović: IDEMO DALJE 1
paperback, e-book, audiobook, interactive e-book with audio

Snežana Stefanović: SERBIAN: Vocabulary Practice A1 to the Book "Idemo dalje 1"
paperback & e-book

Snežana Stefanović: SERBIAN: Simple Sentences 1
paperback, e-book, audiobook, interactive e-book with audio

Level A1 = Novice Mid/High

Snežana Stefanović: IDEMO DALJE 2
paperback, e-book, audiobook, interactive e-book with audio

Snežana Stefanović: SERBIAN: Simple Sentences 2
paperback & e-book

Snežana Stefanović: Trifun i mali fudbaleri – Short Story
paperback & e-book

Snežana Stefanović: Learn Serbian Cyrillic
paperback & e-book

Snežana Stefanović: SERBIAN: Small Travel Vocabulary
e-book

Level A2 = Intermediate Low

Snežana Stefanović: IDEMO DALJE 3
paperback & e-book

Snežana Stefanović: A2 Jokes and Anecdotes Part 1
paperback & e-book

Snežana Stefanović: A2 Jokes and Anecdotes Part 2
paperback & e-book

Level A2 – B1 = Intermediate Mid/High

Snežana Stefanović: IDEMO DALJE 4
paperback & e-book

Level C1 = Advanced High

Snežana Stefanović: Vreme – Short Stories
paperback & e-book

Please visit us!
www.serbian-reader.com